따라쓰기

좋은습관들이기프로젝트

· · · · · · · · · · ·

성경 시편1

스쿨존에듀
SCHOOLZONE

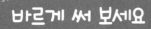

시편 1:1 복 있는 사람은 악인들의 꾀를 따르지 아니하며 죄인들의 길에 서지 아니하며 오만한 자들의 자리에 앉지 아니하고

복		있는		사람은		악인들의		꾀를	
따르지		아니하며		죄인들의		길에			
서지		아니하며		오만한		자들의			
자리에		앉지		아니하고					

> ✱ 오만 – 건방지거나 거만함
>
> Blessed is the man who does not walk in the counsel of the wicked or stand in the way of sinners or sit in the seat of mockers.
>
> ✱ counsel 조언   sinner 죄인   mocker 조롱하는 사람

복 있는 사람은 악인들의 꾀를 따르지 아니하며 죄인
들의 길에 서지 아니하며 오만한 자들의 자리에 앉지
아니하고

시편 1:2 오직 여호와의 율법을 즐거워하여 그의 율법을 주야로 묵상하는도다

오	직		여	호	와	의		율	법	을		즐	거	워	하
여		그	의		율	법	을		주	야	로		묵	상	하
는	도	다													

✻ 율법 – 신의 이름으로 규정한 규범

But his delight is in the law of the LORD, and on his law he meditates day and night.

✻ delight 즐거움, 기쁨

배움은 너무 즐거워!

오직 여호와의 율법을 즐거워하여 그의 율법을 주야로 묵상하는도다

시편 1:3 그는 시냇가에 심은 나무가 철을 따라 열매를 맺으며 그 잎사귀가 마르지 아니함 같으니 그가 하는 모든 일이 다 형통하리로다

그는 시냇가에 심은 나무가 철

을 따라 열매를 맺으며 그 잎

사귀가 마르지 아니함 같으니

그가 하는 모든 일이 다 형통

하리로다

＊형통 – 모든 일이 뜻대로 잘되어 감

He is like a tree planted by streams of water, which yields its fruit in season and whose leaf does not wither. Whatever he does prospers.

＊stream 개울, 시내   prosper 번영하다

그는 시냇가에 심은 나무가 철을 따라 열매를 맺으며

그 잎사귀가 마르지 아니함 같으니 그가 하는 모든 일

이 다 형통하리로다

4

시편 2:7 내가 여호와의 명령을 전하노라 여호와께서 내게 이르시되 너는 내 아들이라 오늘 내가 너를 낳았도다

내	가		여	호	와	의		명	령	을		전	하	노	라
여	호	와	께	서		내	게		이	르	시	되		너	는
내		아	들	이	라		오	늘		내	가		너	를	
낳	았	도	다												

＊ 낳다 – (아기, 새끼, 알을) 몸 밖으로 내놓다

I will proclaim the decree of the LORD : He said to me,
"You are my Son ; today I have become your Father.

＊ proclaim 선포하다　decree 명령

내가 여호와의 명령을 전하노라 여호와께서 내게 이르
시되 너는 내 아들이라 오늘 내가 너를 낳았도다

바르게 써 보세요

시편 2:8 내게 구하라 내가 이방 나라를 네 유업으로 주리니 네 소유가 땅 끝까지 이르리로다

내게	구하라	내가	이방	나라를
네	유업으로	주리니	네	소유가
땅	끝까지	이르리로다		

* 유업 – 선대부터 이어온 사업

Ask of me, and I will make the nations your inheritance, the ends of the earth your possession.

* inheritance 선대로부터 물려받은 유산   possession 소유, 보유

내게 구하라 내가 이방 나라를 네 유업으로 주리니 네 소유가 땅 끝까지 이르리로다

시편 4:7 주께서 내 마음에 두신 기쁨은 그들의 곡식과 새 포도주가 풍성할 때보다 더하니이다

주께서 내 마음에 두신 기쁨은
그들의 곡식과 새 포도주가 풍
성할 때보다 더하니이다

You have filled my heart with greater joy than when their grain and new wine abound.

✽ greater …보다 큰   abound 풍부하다, 많다

기쁨으로 충만합니다~

주께서 내 마음에 두신 기쁨은 그들의 곡식과 새 포도
주가 풍성할 때보다 더하니이다

시편 4:8 내가 평안히 눕고 자기도 하리니 나를 안전히 살게 하시는 이는 오직
여호와이시니이다

내	가		평	안	히		눕	고		자	기	도		하	리
니		나	를		안	전	히		살	게		하	시	는	
이	는		오	직		여	호	와	이	시	니	이	다		

✱ 평안히 - 걱정이나 탈 없이

I will lie down and sleep in peace, for you alone, O LORD, make me dwell in
safety.

✱ dwell ~에 살다

내가 평안히 눕고 자기도 하리니 나를 안전히 살게 하
시는 이는 오직 여호와이시니이다

바르게 써 보세요

시편 5:7 오직 나는 주의 풍성한 사랑을 힘입어 주의 집에 들어가 주를 경외함으로 성전을 향하여 예배하리이다

오직 나는 주의 풍성한 사랑을

힘입어 주의 집에 들어가 주를

경외함으로 성전을 향하여 예배

하리이다

✱ 경외하다 - 공경하면서 두려워하다

But I, by your great mercy, will come into your house; in reverence will I bow down toward your holy temple.

✱ mercy 사랑   reverence 경배

오직 나는 주의 풍성한 사랑을 힘입어 주의 집에 들어가 주를 경외함으로 성전을 향하여 예배하리이다

바르게 써 보세요

시편 9:9 여호와는 압제를 당하는 자의 요새이시요 환난 때의 요새이시로다

여	호	와	는		압	제	를		당	하	는		자	의
요	새	이	시	요		환	난		때	의		요	새	이	시
로	다													

＊압제 - 강제로 누름   요새 - 튼튼하게 만들어 놓은 방어 시설

The LORD is a refuge for the oppressed, a stronghold in times of trouble.

＊stronghold 요새

여호와는 압제를 당하는 자의 요새이시요 환난 때의
요새이시로다

바르게 써 보세요

시편 10:12 여호와여 일어나옵소서 하나님이여 손을 드옵소서 가난한 자들을 잊지
마옵소서

여	호	와	여		일	어	나	옵	소	서		하	나	님	이
여		손	을		드	옵	소	서		가	난	한		자	들
을		잊	지		마	옵	소	서							

Arise, LORD! Lift up your hand, O God. Do not forget the helpless.

✻ forget 잊다   helpless 스스로는 아무 일도 못하는

항상 함께 계시니
든든합니다~

여호와여 일어나옵소서 하나님이여 손을 드옵소서 가
난한 자들을 잊지 마옵소서

11

시편 10:17 여호와여 주는 겸손한 자의 소원을 들으셨사오니 그들의 마음을 준비하시며 귀를 기울여 들으시고

여	호	와	여		주	는		겸	손	한		자	의		소
원	을			들	으	셨	사	오	니		그	들	의		마	음
을			준	비	하	시	며		귀	를		기	울	여		들
으	시	고													

✽ 겸손 - 남을 존중하고 자기를 내세우지 않는 태도

You hear, O LORD, the desire of the afflicted; you encourage them, and you listen to their cry,

✽ the afflicted 고통받는 사람들

여호와여 주는 겸손한 자의 소원을 들으셨사오니 그들의 마음을 준비하시며 귀를 기울여 들으시고

12

시편 11:5 여호와는 의인을 감찰하시고 악인과 폭력을 좋아하는 자를 마음에 미워하시도다

여	호	와	는		의	인	을		감	찰	하	시	고		악
인	과		폭	력	을		좋	아	하	는		자	를		마
음	에		미	워	하	시	도	다							

The LORD examines the righteous, but the wicked and those who love violence his soul hates.

✱ the righteous 의인   the wicked 악인   violence 폭행, 폭력

나쁜 짓 하면 안돼! 보고 계신다니까…

여호와는 의인을 감찰하시고 악인과 폭력을 좋아하는 자를 마음에 미워하시도다

시편 16:7 나를 훈계하신 여호와를 송축할지라 밤마다 내 양심이 나를 교훈하도다

나	를		훈	계	하	신		여	호	와	를		송	축	할
지	라		밤	마	다		내		양	심	이		나	를	
교	훈	하	도	다											

✻ 송축 - 경사를 기리고 축하함　양심 - 선과 악의 판단을 내리는 도덕적 의식

I will praise the LORD, who counsels me; even at night my heart instructs me.

✻ counsel 조언, 훈계　instruct 가르치다

나를 훈계하신 여호와를 송축할지라 밤마다 내 양심이
나를 교훈하도다

시편 16:11 주께서 생명의 길을 내게 보이시리니 주의 앞에는 충만한 기쁨이 있고 주의 오른쪽에는 영원한 즐거움이 있나이다

주께서 생명의 길을 내게 보이

시리니 주의 앞에는 충만한 기

쁨이 있고 주의 오른쪽에는 영

원한 즐거움이 있나이다

You have made known to me the path of life; you will fill me with joy in your presence, with eternal pleasures at your right hand.

✱ presence 존재　eternal 영원한

주께서 생명의 길을 내게 보이시리니 주의 앞에는 충
만한 기쁨이 있고 주의 오른쪽에는 영원한 즐거움이
있나이다

시편 18:1 나의 힘이신 여호와여 내가 주를 사랑하나이다

나	의		힘	이	신		여	호	와	여		내	가		주
를		사	랑	하	나	이	다								

I love you, O LORD, my strength.

✱ strength 힘

항상 내 편 돼 주시니 감사!

나의 힘이신 여호와여 내가 주를 사랑하나이다

바르게 써 보세요

`시편 18:2a` 여호와는 나의 반석이시요 나의 요새시요 나를 건지시는 이시요 나의 하나님이시요 내가 그 안에 피할 나의 바위시요 나의 방패시요

여	호	와	는		나	의		반	석	이	시	요		나	의
요	새	시	요		나	를		건	지	시	는			이	시	요
나	의		하	나	님	이	시	요		내	가		그		안
에		피	할		나	의		바	위	시	요		나	의
방	패	시	요											

✳ 반석 – 큰 돌, 아주 견고함을 비유적으로 이르는 말

The LORD is my rock, my fortress and my deliverer; my God is my rock, in whom I take refuge.

✳ fortress 요새

여호와는 나의 반석이시요 나의 요새시요 나를 건지시는 이시요 나의 하나님이시요 내가 그 안에 피할 나의 바위시요 나의 방패시요

시편 18:2b 나의 구원의 뿔이시요 나의 산성이시로다

나의 구원의 뿔이시요 나의 산
성이시로다

He is my shield and the horn of my salvation, my stronghold.

* shield 방패

세상 무서울 것
없어요!

나의 구원의 뿔이시요 나의 산성이시로다

바르게 써 보세요

시편 18:26 깨끗한 자에게는 주의 깨끗하심을 보이시며 사악한 자에게는 주의 거스르심을 보이시리니

깨	끗	한		자	에	게	는		주	의		깨	끗	하	심
을		보	이	시	며		사	악	한		자	에	게	는	
주	의		거	스	르	심	을		보	이	시	리	니		

* 거스르다 - 흐름과 반대되는 태도를 취하다

to the pure you show yourself pure, but to the crooked you show yourself shrewd.

* the pure 깨끗한 자   the crooked 사악한 자   shrewd 재빠른

앗! 빨리
내 방을
치워야겠다

깨끗한 자에게는 주의 깨끗하심을 보이시며 사악한 자
에게는 주의 거스르심을 보이시리니

시편 18:28 주께서 나의 등불을 켜심이여 여호와 내 하나님이 내 흑암을 밝히시리이다

주께서 나의 등불을 켜심이여
여호와 내 하나님이 내 흑암을
밝히시리이다

★ 흑암 – 매우 컴컴하거나 어두움

You, O LORD, keep my lamp burning; my God turns my darkness into light.

★ burn (불이) 타오르다

말씀을 읽으면 눈이 밝아져요~

주께서 나의 등불을 켜심이여 여호와 내 하나님이 내
흑암을 밝히시리이다

바르게 써 보세요

시편 18:29 내가 주를 의뢰하고 적군을 향해 달리며 내 하나님을 의지하고 담을 뛰어넘나이다

내	가		주	를		의	뢰	하	고		적	군	을		향
해		달	리	며		내		하	나	님	을		의	지	하
고		담	을		뛰	어	넘	나	이	다					

＊ 담 - 공간을 둘러막기 위하여 쌓아 올린 것

With your help I can advance against a troop ; with my God I can scale a wall.

＊ troop 군대   scale (위로) 올라가다

내가 주를 의뢰하고 적군을 향해 달리며 내 하나님을 의지하고 담을 뛰어넘나이다

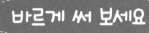 **바르게 써 보세요**

시편 18:30 하나님의 도는 완전하고 여호와의 말씀은 순수하니 그는 자기에게 피하는 모든 자의 방패시로다

하	나	님	의		도	는		완	전	하	고		여	호	와
의		말	씀	은		순	수	하	니		그	는		자	기
에	게		피	하	는		모	든		자	의		방	패	시
로	다														

✻ 방패 – 칼, 창, 화살을 막는 무기

As for God, his way is perfect; the word of the LORD is flawless. He is a shield for all who take refuge in him.

✻ flawless 흠 없는

하나님의 도는 완전하고 여호와의 말씀은 순수하니 그
는 자기에게 피하는 모든 자의 방패시로다

바르게 써 보세요

시편 19:8 여호와의 교훈은 정직하여 마음을 기쁘게 하고 여호와의 계명은 순결하여 눈을 밝게 하시도다

여	호	와	의		교	훈	은		정	직	하	여		마	음
을		기	쁘	게		하	고		여	호	와	의		계	명
은		순	결	하	여		눈	을		밝	게		하	시	도
다															

✻ 계명 – 규범   순결 – 깨끗함

The precepts of the LORD are right, giving joy to the heart. The commands of the LORD are radiant, giving light to the eyes.

✻ precept 교훈   command 계명   radiant 빛나는

여호와의 교훈은 정직하여 마음을 기쁘게 하고 여호와의 계명은 순결하여 눈을 밝게 하시도다

시편 19:10 금 곧 많은 순금보다 더 사모할 것이며 꿀과 송이꿀보다 더 달도다

금		곧		많은		순금보다				더		사	모
할		것	이	며		꿀과		송	이	꿀	보	다	더
달	도	다											

✱순금 – 다른 금속이 안 섞인 순수한 금

They are more precious than gold, than much pure gold; they are sweeter than honey, than honey from the comb.

✱ honey from the comb 송이꿀(벌집에 들어 있는 꿀)

금 곧 많은 순금보다 더 사모할 것이며 꿀과 송이꿀보다 더 달도다

바르게 써 보세요

시편 19:14 나의 반석이시요 나의 구속자이신 여호와여 내 입의 말과 마음의 묵상이 주님 앞에 열납되기를 원하나이다

나의 반석이시요 나의 구속자이
신 여호와여 내 입의 말과 마
음의 묵상이 주님 앞에 열납되
기를 원하나이다

✱ 묵상 – 마음속으로 생각함   열납 – 기쁘게 여기고 받아들임

May the words of my mouth and the meditation of my heart be pleasing in your sight, O LORD, my Rock and my Redeemer.

✱ meditation 묵상   Redeemer 구제해 주는 사람, 예수 그리스도

나의 반석이시요 나의 구속자이신 여호와여 내 입의
말과 마음의 묵상이 주님 앞에 열납되기를 원하나이다

시편 20:7 어떤 사람은 병거, 어떤 사람은 말을 의지하나 우리는 여호와 우리 하나님의 이름을 자랑하리로다

어	떤		사	람	은		병	거	.	어	떤		사	람	은
말	을		의	지	하	나		우	리	는		여	호	와	
우	리		하	나	님	의		이	름	을		자	랑	하	리
로	다														

✱ 병거 - 전쟁할 때 쓰는 수레

Some trust in chariots and some in horses, but we trust in the name of the LORD our God.

✱ chariot 마차

어떤 사람은 병거, 어떤 사람은 말을 의지하나 우리는
여호와 우리 하나님의 이름을 자랑하리로다

바르게 써 보세요

시편 23:1　여호와는 나의 목자시니 내게 부족함이 없으리로다

| 여 | 호 | 와 | 는 | | 나 | 의 | | 목 | 자 | 시 | 니 | | 내 | 게 |
| 부 | 족 | 함 | 이 | | 없 | 으 | 리 | 로 | 다 | | | | | |

✱ 목자 – 신자를 양(羊)에 비유하여, 이를 보살피는 성직자를 이르는 말

The LORD is my shepherd, I shall not be in want.

✱ shepherd 양치기, 목자

여호와는 나의 목자시니 내게 부족함이 없으리로다

바르게 써 보세요

시편 23:2 그가 나를 푸른 풀밭에 누이시며 쉴 만한 물 가로 인도하시는도다

그	가		나	를		푸	른		풀	밭	에		누	이	시
며		쉴		만	한		물		가	로		인	도	하	시
는	도	다													

✱ 인도하다 - 이끌어 지도하다

He makes me lie down in green pastures, he leads me beside quiet waters,

✱ pasture 풀밭, 초원

그가 나를 푸른 풀밭에 누이시며 쉴 만한 물 가로 인
도하시는도다

바르게 써 보세요

시편 23:3 내 영혼을 소생시키시고 자기 이름을 위하여 의의 길로 인도하시는도다

내 영혼을 소생시키시고 자기
이름을 위하여 의의 길로 인도
하시는도다

✱ 소생 - 다시 살아남

he restores my soul. He guides me in paths of righteousness for his name's sake.

✱ righteousness 정의, 공정

내 영혼을 소생시키시고 자기 이름을 위하여 의의 길
로 인도하시는도다

바르게 써 보세요

시편 23:4 내가 사망의 음침한 골짜기로 다닐지라도 해를 두려워하지 않을 것은 주께서 나와 함께 하심이라 주의 지팡이와 막대기가 나를 안위하시나이다

내	가		사	망	의		음	침	한		골	짜	기	로
다	닐	지	라	도		해	를		두	려	워	하	지	않
을		것	은		주	께	서		나	와		함	께	하
심	이	라		주	의		지	팡	이	와		막	대	기	가
나	를		안	위	하	시	나	이	다					

✱ 안위 – 몸과 마음을 위로함

Even though I walk through the valley of the shadow of death, I will fear no evil, for you are with me; your rod and your staff, they comfort me.

✱ valley 계곡   shadow 그늘   rod 막대기

내가 사망의 음침한 골짜기로 다닐지라도 해를 두려워
하지 않을 것은 주께서 나와 함께 하심이라 주의 지팡
이와 막대기가 나를 안위하시나이다

30

바르게 써 보세요

시편 23:5 주께서 내 원수의 목전에서 내게 상을 차려 주시고 기름을 내 머리에 부으셨으니 내 잔이 넘치나이다

주	께	서		내		원	수	의		목	전	에	서		내
게		상	을		차	려		주	시	고		기	름	을	
내		머	리	에		부	으	셨	으	니		내		잔	이
넘	치	나	이	다											

✱ 목전 – 눈으로 볼 수 있는 가까운 곳

You prepare a table before me in the presence of my enemies. You anoint my head with oil; my cup overflows.

✱ anoint 성유(성수)를 바르다   overflow 넘치다

주께서 내 원수의 목전에서 내게 상을 차려 주시고 기름을 내 머리에 부으셨으니 내 잔이 넘치나이다

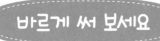

바르게 써 보세요

시편 23:6 내 평생에 선하심과 인자하심이 반드시 나를 따르리니 내가 여호와의 집
에 영원히 살리로다

내	평	생	에		선	하	심	과		인	자	하	심	이
반	드	시		나	를		따	르	리	니		내	가	여
호	와	의		집	에		영	원	히		살	리	로	다

✻ 인자하다 - 부드럽고 자애롭다

Surely goodness and love will follow me all the days of my life, and I will dwell in
the house of the LORD forever.

✻ surely 반드시

내 평생에 선하심과 인자하심이 반드시 나를 따르리니
내가 여호와의 집에 영원히 살리로다

시편 24:7 문들아 너희 머리를 들지어다 영원한 문들아 들릴지어다 영광의 왕이 들어가시리로다

문들아 너희 머리를 들지어다
영원한 문들아 들릴지어다 영광
의 왕이 들어가시리로다

Lift up your heads, O you gates; be lifted up, you ancient doors, that the King of glory may come in.

★ ancient 고대의, 아주 오래된   glory 영광, 찬양

문들아 너희 머리를 들지어다 영원한 문들아 들릴지어
다 영광의 왕이 들어가시리로다

시편 24:8 영광의 왕이 누구시냐 강하고 능한 여호와시요 전쟁에 능한 여호와시로 다

영	광	의		왕	이		누	구	시	냐		강	하	고
능	한		여	호	와	시	요		전	쟁	에		능	한
여	호	와	시	로	다									

✳ 능하다 – 어떤 일 따위에 뛰어나다

Who is this King of glory? The LORD strong and mighty, the LORD mighty in battle.

✳ mighty 능하다　battle 전쟁

영광의 왕이 누구시냐 강하고 능한 여호와시요 전쟁에 능한 여호와시로다

34

바르게 써 보세요

시편 25:4 여호와여 주의 도를 내게 보이시고 주의 길을 내게 가르치소서

여	호	와	여		주	의		도	를		내	게		보	이
시	고		주	의		길	을		내	게		가	르	치	소
서															

Show me your ways, O LORD, teach me your paths;

✱ teach 가르치다, 깨닫게 하다 path 길

눈앞이 환해졌어~

여호와여 주의 도를 내게 보이시고 주의 길을 내게 가르치소서

시편 25:14 여호와의 친밀하심이 그를 경외하는 자들에게 있음이여 그의 언약을 그들에게 보이시리로다

여호와의 친밀하심이 그를 경외
하는 자들에게 있음이여 그의
언약을 그들에게 보이시리로다

✳ 친밀하다 - 매우 친하고 가깝다   언약 - 약속

The LORD confides in those who fear him; he makes his covenant known to them.

✳ confide (비밀을) 털어놓다   fear 경외하다   covenant 약속, 서약

여호와의 친밀하심이 그를 경외하는 자들에게 있음이
여 그의 언약을 그들에게 보이시리로다

시편 26:2 여호와여 나를 살피시고 시험하사 내 뜻과 내 양심을 단련하소서

여	호	와	여		나	를		살	피	시	고		시	험	하
사		내		뜻	과		내		양	심	을		단	련	하
소	서														

★ 양심 – 어떤 행위에 대하여 옳고 그름

Test me, O LORD, and try me, examine my heart and my mind;

말씀을 묵상하고
외우는 내가
너무 멋져!

여호와여 나를 살피시고 시험하사 내 뜻과 내 양심을
단련하소서

시편 27:1 여호와는 나의 빛이요 나의 구원이시니 내가 누구를 두려워하리요 여호와는 내 생명의 능력이시니 내가 누구를 무서워하리요

여	호	와	는		나	의		빛	이	요		나	의		구
원	이	시	니		내	가		누	구	를		두	려	워	하
리	요		여	호	와	는		내		생	명	의		능	력
이	시	니		내	가		누	구	를		무	서	워	하	리
요															

The LORD is my light and my salvation-- whom shall I fear? The LORD is the stronghold of my life-- of whom shall I be afraid?

✱ salvation 구원   afraid 무섭다

여호와는 나의 빛이요 나의 구원이시니 내가 누구를
두려워하리요 여호와는 내 생명의 능력이시니 내가 누
구를 무서워하리요

시편 27:3 군대가 나를 대적하여 진 칠지라도 내 마음이 두렵지 아니하며 전쟁이 일어나 나를 치려 할지라도 나는 여전히 태연하리로다

군	대	가		나	를		대	적	하	여		진		칠	지
라	도		내		마	음	이		두	렵	지		아	니	하
며		전	쟁	이		일	어	나		나	를		치	려	
할	지	라	도		나	는		여	전	히		태	연	하	리
로	다														

✱ 태연 – 두려워할 상황에서 아무렇지 않은 듯 예사로움

Though an army besiege me, my heart will not fear; though war break out against me, even then will I be confident.

✱ besiege 포위하다, 둘러싸다

군대가 나를 대적하여 진 칠지라도 내 마음이 두렵지 아니하며 전쟁이 일어나 나를 치려 할지라도 나는 여전히 태연하리로다

바르게 써 보세요

시편 27:4 내가 여호와께 바라는 한 가지 일 그것을 구하리니 곧 내가 내 평생에 여호와의 집에 살면서 여호와의 아름다움을 바라보며 그의 성전에서 사모하는 그것이라

내	가		여	호	와	께		바	라	는		한		가	지
일		그	것	을		구	하	리	니		곧		내	가	
내		평	생	에		여	호	와	의		집	에		살	면
서		여	호	와	의		아	름	다	움	을		바	라	보
며		그	의		성	전	에	서		사	모	하	는		그
것	이	라													

＊ 성전 – 교회   사모 – 애틋하게 그리워함

One thing I ask of the LORD, this is what I seek: that I may dwell in the house of the LORD all the days of my life, to gaze upon the beauty of the LORD and to seek him in his temple.

＊ gaze 바라보다   temple 성전

내가 여호와께 바라는 한 가지 일 그것을 구하리니 곧
내가 내 평생에 여호와의 집에 살면서 여호와의 아름
다움을 바라보며 그의 성전에서 사모하는 그것이라

시편 28:7 여호와는 나의 힘과 나의 방패이시니 내 마음이 그를 의지하여 도움을 얻었도다 그러므로 내 마음이 크게 기뻐하며 내 노래로 그를 찬송하리로다

여	호	와	는		나	의		힘	과		나	의		방	패
이	시	니		내		마	음	이		그	를		의	지	하
여		도	움	을		얻	었	도	다		그	러	므	로	
내		마	음	이		크	게		기	뻐	하	며		내	
노	래	로		그	를		찬	송	하	리	로	다			

✻ 찬송 - 하나님의 은혜를 기리어 찬양하는 노래

The LORD is my strength and my shield; my heart trusts in him, and I am helped.
My heart leaps for joy and I will give thanks to him in song.

✻ leap 뛰어오르다

여호와는 나의 힘과 나의 방패이시니 내 마음이 그를
의지하여 도움을 얻었도다 그러므로 내 마음이 크게
기뻐하며 내 노래로 그를 찬송하리로다

시편 29:2 여호와께 그의 이름에 합당한 영광을 돌리며 거룩한 옷을 입고 여호와께 예배할지어다

여호와께 그의 이름에 합당한
영광을 돌리며 거룩한 옷을 입
고 여호와께 예배할지어다

✽ 예배 – 하나님을 경배하는 의식을 행하는 것

Ascribe to the LORD the glory due his name; worship the LORD in the splendor of his holiness.

✽ Ascribe (원인 동기를) ~에 돌리다   the splendor 호화로운 의상   holiness 거룩

여호와께 그의 이름에 합당한 영광을 돌리며 거룩한
옷을 입고 여호와께 예배할지어다

바르게 써 보세요

시편 32:7 주는 나의 은신처이오니 환난에서 나를 보호하시고 구원의 노래로 나를 두르시리이다

주	는		나	의		은	신	처	이	오	니		환	난	에
서		나	를		보	호	하	시	고		구	원	의		노
래	로		나	를		두	르	시	리	이	다				

✱ 은신처 – 몸을 숨기는 곳   환난 – 근심과 재난

You are my hiding place; you will protect me from trouble and surround me with songs of deliverance. Selah

✱ hiding 숨기, 은신   protect 보호하다   deliverance 구조, 구원

주는 나의 은신처이오니 환난에서 나를 보호하시고 구원의 노래로 나를 두르시리이다

바르게 써 보세요

시편 34:4 내가 여호와께 간구하매 내게 응답하시고 내 모든 두려움에서 나를 건지셨도다

내가	여호와께	간구하매	내게
응답하시고	내	모든	두려움에서
나를	건지셨도다		

✽ 간구하다 – 바라고 구하다

I sought the LORD, and he answered me; he delivered me from all my fears.

✽ seek 찾다(과거형 sought)

내가 여호와께 간구하매 내게 응답하시고 내 모든 두려움에서 나를 건지셨도다

시편 34:10 젊은 사자는 궁핍하여 주릴지라도 여호와를 찾는 자는 모든 좋은 것에 부족함이 없으리로다

젊	은		사	자	는		궁	핍	하	여		주	릴	지	라
도		여	호	와	를		찾	는		자	는		모	든	
좋	은		것	에		부	족	함	이		없	으	리	로	다

✱ 궁핍 - 몹시 가난함

The lions may grow weak and hungry, but those who seek the LORD lack no good thing.

✱ weak 약한, 힘이 없는   hungry 배고픈

젊은 사자는 궁핍하여 주릴지라도 여호와를 찾는 자는 모든 좋은 것에 부족함이 없으리로다

시편 37:5 네 길을 여호와께 맡기라 그를 의지하면 그가 이루시고

네 길을 여호와께 맡기라 그를
의지하면 그가 이루시고

✱ 의지 – 어떤 대상에 마음을 붙여 도움을 받음

Commit your way to the LORD; trust in him and he will do this:

✱ trust 신뢰, 믿음

네 길을 여호와께 맡기라 그를 의지하면 그가 이루시
고

바르게 써 보세요

시편 37:6 네 의를 빛 같이 나타내시며 네 공의를 정오의 빛 같이 하시리로다

네		의	를		빛		같	이		나	타	내	시	며
네		공	의	를		정	오	의		빛		같	이		하
시	리	로	다											

✱ 공의 – 공평하고 의로운 도의

He will make your righteousness shine like the dawn, the justice of your cause like the noonday sun.

✱ dawn 동이 틀 무렵   noonday 정오의

네 의를 빛 같이 나타내시며 네 공의를 정오의 빛 같이 하시리로다

시편 37:7 여호와 앞에 잠잠하고 참고 기다리라 자기 길이 형통하며 악한 꾀를 이루는 자 때문에 불평하지 말지어다

여	호	와		앞	에		잠	잠	하	고		참	고		기
다	리	라		자	기		길	이		형	통	하	며		악
한		꾀	를		이	루	는		자		때	문	에		불
평	하	지		말	지	어	다								

Be still before the LORD and wait patiently for him; do not fret when men succeed in their ways, when they carry out their wicked schemes.

＊patiently 참을성 있게   fret 조바심치다   scheme 나쁜 꾀

여호와 앞에 잠잠하고 참고 기다리라 자기 길이 형통
하며 악한 꾀를 이루는 자 때문에 불평하지 말지어다

바르게 써 보세요

시편 42:1 하나님이여 사슴이 시냇물을 찾기에 갈급함 같이 내 영혼이 주를 찾기에 갈급하니이다

하나님이여 사슴이 시냇물을 찾
기에 갈급함 같이 내 영혼이
주를 찾기에 갈급하니이다

✱ 갈급 - 몹시 바람

As the deer pants for streams of water, so my soul pants for you, O God.

✱ deer 사슴   pant (숨을) 헐떡이다, 갈급하다

하나님이여 사슴이 시냇물을 찾기에 갈급함 같이 내
영혼이 주를 찾기에 갈급하니이다

시편 42:11a 내 영혼아 네가 어찌하여 낙심하며 어찌하여 내 속에서 불안해 하는가 너는 하나님께 소망을 두라

내	영혼아	네가	어찌하여	낙심
하며	어찌하여	내	속에서	불안
해	하는가	너는	하나님께	소망
을	두라			

✱ 낙심하다 - 바라던 일이 이루어지지 아니하여 마음이 상하다

Why are you downcast, O my soul? Why so disturbed within me? Put your hope in God,

✱ downcast 낙심하다   disturbed 매우 불안해하는

내 영혼아 네가 어찌하여 낙심하며 어찌하여 내 속에서 불안해 하는가 너는 하나님께 소망을 두라

바르게 써 보세요

시편 46:1 하나님은 우리의 피난처시요 힘이시니 환난 중에 만날 큰 도움이시라

하나님은 우리의 피난처시요 힘
이시니 환난 중에 만날 큰 도
움이시라

God is our refuge and strength, an ever-present help in trouble.

＊ ever-present 항상 존재하는

힘들 때 갈 곳이
있어 좋아!

하나님은 우리의 피난처시요 힘이시니 환난 중에 만날
큰 도움이시라

바르게 써 보세요

시편 46:2 그러므로 땅이 변하든지 산이 흔들려 바다 가운데에 빠지든지

그	러	므	로		땅	이		변	하	든	지		산	이
흔	들	려		바	다		가	운	데	에		빠	지	든	지

Therefore we will not fear, though the earth give way and the mountains fall into the heart of the sea,

✳ therefore 그러므로

겁날 게 없어!

그러므로 땅이 변하든지 산이 흔들려 바다 가운데에
빠지든지

시편 46:3 바닷물이 솟아나고 뛰놀든지 그것이 넘침으로 산이 흔들릴지라도 우리는 두려워하지 아니하리로다

바닷물이 솟아나고 뛰놀든지 그
것이 넘침으로 산이 흔들릴지라
도 우리는 두려워하지 아니하리
로다

though its waters roar and foam and the mountains quake with their surging.
Selah

✳ roar 으르렁거리다

잘할 수 있어~

바닷물이 솟아나고 뛰놀든지 그것이 넘침으로 산이 흔
들릴지라도 우리는 두려워하지 아니하리로다

시편48:14 이 하나님은 영원히 우리 하나님이시니 그가 우리를 죽을 때까지 인도하
시리로다

이		하	나	님	은		영	원	히		우	리		하	나
님	이	시	니		그	가		우	리	를		죽	을		때
까	지		인	도	하	시	리	로	다						

For this God is our God for ever and ever; he will be our guide even to the end.

＊even to ~에 이르기까지

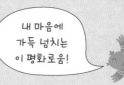

내 마음에
가득 넘치는
이 평화로움!

이 하나님은 영원히 우리 하나님이시니 그가 우리를
죽을 때까지 인도하시리로다

바르게 써 보세요

시편 50:15 환난 날에 나를 부르라 내가 너를 건지리니 네가 나를 영화롭게 하리로다

환난 날에 나를 부르라 내가
너를 건지리니 네가 나를 영화
롭게 하리로다

and call upon me in the day of trouble; I will deliver you, and you will honor me."

* deliver (결과를) 내놓다 honor ~에게 영광을 베풀다

환난 날에 나를 부르라 내가 너를 건지리니 네가 나를
영화롭게 하리로다

감수 최상훈

서울 화양감리교회 담임목사. 감리교신학대학교 겸임교수. 1997~2002년 아프리카 케냐 및 우간
다 선교 사역. 2002~2008년 미국 알래스카 최초 감리교 한인교회 개척 및 담임. 2008~2014년 미국
캘리포니아 벤츄라 지역 교회 담임. CTS 〈내가 매일 기쁘게〉 출연 외.

따라쓰기 성경 – 시편 1

ISBN 979-11-978668-3-8 03230 ‖ 초판 1쇄 펴낸날 2022년 8월 20일 ‖ 2쇄 펴낸날 2022년 12월 15일

펴낸이 정혜옥 ‖ 표지디자인 book design twoesdesign.com ‖ 내지디자인 이지숙 ‖ 마케팅 최문섭 ‖ 편집 연유나, 이은정

펴낸곳 스쿨존에듀 ‖ 출판등록 2021년 3월 4일 제 2021-000013호

주소 04779 서울시 성동구 뚝섬로 1나길 5(헤이그라운드) 7층

전화 02)929-8153 ‖ 팩스 02)929-8164 ‖ E-mail goodinfozuzu@hanmail.net

- 스쿨존에듀(스쿨존)는 굿인포메이션의 자회사입니다. ■ 잘못된 책은 본사나 구입하신 서점에서 바꾸어 드립니다.
- 본문은 개역개정(한글), NIV(영문) 성경을 사용하였습니다.

도서출판 스쿨존에듀(스쿨존)는 교사, 학부모님들의 소중한 의견을 기다립니다. 책 출간에 대한
기획이나 원고가 있으신 분은 이메일 goodinfozuzu@hanmail.net으로 보내주세요.